VENTE

J. L. FORAIN

PARIS 1893

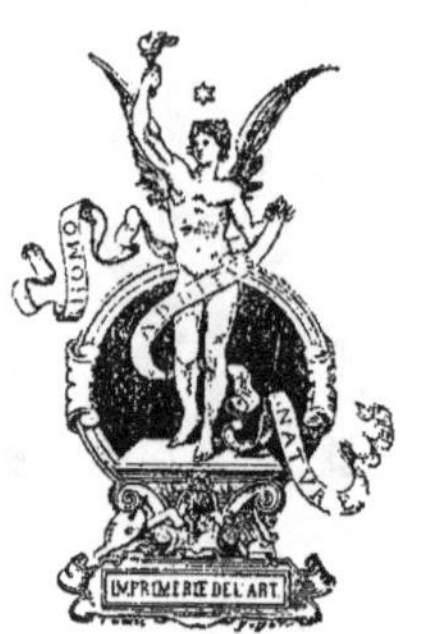
HONOR
NATURÆ
IMPRIMERIE DEL'ART

CATALOGUE

DE

DESSINS DE J. L. FORAIN

DONT LA VENTE AURA LIEU

GALERIE GEORGES PETIT, 8, RUE DE SÈZE

Le Jeudi 8 Juin 1893, à 2 heures 1/2

Mᵉ PAUL CHEVALLIER	**M. GEORGES PETIT**
COMMISSAIRE-PRISEUR	EXPERT
10, rue de la Grange-Batelière, 10	12, rue Godot-de-Mauroi, 12

EXPOSITIONS

PARTICULIÈRE : *le Mardi 6 Juin 1893, de 1 heure 1/2 à 6 heures*

PUBLIQUE : *le Mercredi 7 Juin 1893, de 1 heure 1/2 à 6 heures*

CONDITIONS DE LA VENTE

Elle sera faite expressément au comptant.

Les acquéreurs payeront *cinq pour cent* en sus des adjudications.

Paris. — Imp. de l'Art. E. MOREAU ET Cie, 41, rue de la Victoire.

DÉSIGNATION

1 — Album de Forain.

2 — Un peu de chantage.

3 — ..... J' monte en voiture avec lui et je lui
dis: J'vous en veux; — n'empêche qu'après
j'étais enceinte.

4 — Comm' ça m' va bien, d'enguculer mon fils!...

5 — Et c'était bien la peine de faire ta sucrée avec
mon commanditaire pour te coller avec un
figurant!

6 — Est-ce pas, Juliette, que jamais personne ne
donn'rait quarante-trois ans à c' t' homm' là!

7 — Pour venir a n' pourra pas venir, mais elle ira
chez vous demain.

8 — Vous admettrez pourtant que voilà un dessin
que je ne pourrais pas laisser trainer devant
ma fille.
— Oui, vieux cochon, mais tu l' montrerai bien à
la petite du concierge.

— 4 —

9 — Comme vous avez dû être charmant!

10 — Maintenant, viens me dire le *Songe d'Atha-
lie*!

11 — Tu entends, maman, quand c' salaud t'enverra
faire un' course, tu lui diras qu'il n'y a qu'
moi qu'a l' droit de te commander.

12 — Comment, encore avec son choriste!
— Oui, madame!
— Ah! m'sieu l' comte, l' temps d' passer un
jupon et j' vous la ramène.

13 — Devinez c' que j'ai fait hier soir?
— . . . .
— Mais quelqu'un de chic!... Y vous connait.

14 — Non, tu sais, j' la trouve raide : pas une fleur,
pas un bonbon! d'ailleurs tu ne r'çois que
des mufles.

15 — C'est comme ça qu' tu es à ton bureau.....
satyre.

16 — Qu'est-ce qu'y veulent donc qu'on fasse avec
vingt-cinq francs par jour?!!!

17 — Alors vous n'en voulez pas?
— Pis'que j' vous avais d'mandé d' la blonde.

18 — C'te bottine tu la r'cevras sur la gueule, si tu
quittes l' quartier.

19 — Et vous n' voyez qu' çà!

20 — Tu sais que tu n'es pas drôle avec tes airs
d'enterrement, — fais comme moi, amuse
toi, danse..... flirte!

21 — Je vous en prie, Edmond, tenez-vous..., voilà
ma belle-mère avec son « instantané ».

22 — Ah! on respire!..

23 — Pour moi vos certificats sont insuffisants, mais
je vais vous adresser à un de mes amis qui
a besoin d'un ménage!

24 — Henner? est-ce que tu la gobes sa peinture?
— J' sais pas, j'y posais toujours de dos!

25 — Ça un bleu?..... on dirait d'un suçon.

26 — Pourquoi ne veux-tu pas te marier? est-ce que
ça empêche ton père de faire la fête?

27 — Vous savez qu'y n' faut pas aller chez elle
demain.
— Pourquoi?
— Parce qu'elle a son type.

28 — Tiens, piges!
— Et moi qui prenais monsieur pour un agent
des mœurs.

29 — Où en êtes-vous avec elle ?
— Il y a deux mois que la lettre de rupture est
sur mon bureau, mais je ne l'envoie pas...
parce qu'elle est chargée !...

30 — Estimons-nous heureux ; l'amende est insigni-
fiante, et qu'est-ce que c'est qu'un an à
faire !...

31 — Crois-tu qu'en m' plaignant, il a eu l' toupet de
m'dire que j' trouv'rai toujours en lui un
ami !...

32 — Georges, dites-moi autre chose... mon petit
frère écoute.

33 — Y a qu'y m 'dit qu'sa femme est trop souffrante
pour m'emmener dîner ce soir.
— J' te l'ai toujours dit . c'est un homme qu'a du
cœur !

34 — Sale métier, où on n'voit qu'des mufles.

35 — Ah! là, là, y fait rien froid dans tes go-
gu'nots ! ! !

36 — Non, Monsieur l' Comte, faut rentrer prendre
votre bismuth.

37 — Si vous continuez à me raser toi et ta mère,
je vous plaque tous pour aller vivre mari-
talement avec ma maîtresse !

38 — Une comtesse?... non,... baronne, la dernière.

39 — On me l' disait hier encore : Sans votre
« boulet », vous seriez à la Comédie-Fran-
çaise.

40 — .... Garde-le pendant que j' vas au lavoir, mais
n'allez pas trop loin!

41 — Dis donc, toi qu' en a deux!... j' commence à
être inquiète!...

42 — Voyons, mon p'tit homme, si tu étais juste, tu
comprendrais que ça n'est pas frusquée
comme je suis que j' peux *faire* les Champs-
Élysées.

43 — Mon chéri, qu'est-ce que ta petite mère t'a re-
commandé?
— De n' pas t'appeler maman quand il y a
quelqu'un.

44 — On va vous donner deux francs.
— Deux francs! mais, monsieur, je viens de Vau-
girard... et d'votre bureau... on m'a ren-
voyé ici... et tout ça à pied!

45 — Tu vois ça? eh bien dans dix ans, ça sera un
chef-d'œuvre.

46 — Oh hé, grouillez-vous, v'là les mœurs!

— 8 —

47 — Vous voyez, nous ramenons Monsieur en France.
— C'était un banquier.

48 — Papa, si tu avais demandé des conseils à mon
mari, il t'aurait tiré d'affaire. Il a roulé
assez de gens pour ça !

49 — Ah ! mes enfants, c' qu'il doit faire chaud à la
Pource !

50 — Sais-tu c' que j' voudrais qu'on me donne !
— Une ombrelle à pois rouge !

51 — Elle est partie c' matin pour Trouville.

52 — C'est une habitude que j'ai prise à Paris, que
j'en aie besoin ou non, je prends toujours
deux bains par an !

53 — Les cartes m'ont dit : Vous allez lâcher un
homme. Je n' sais pas lequel, par exemple.

54 — Ton vieil ami sort d'ici ?... Tu t'es encore
laissé taper !

55 — Comme ça je n'dois plus rien !... Ah si tous les
huissiers étaient comme vous.

56 — Tu ne croirais pas ça, depuis que je suis
veuve, j'ai été demandée vingt-sept fois en
mariage... et rien que par des hommes avec
qui j'ai marché.

57 — Toi, tu sais, tu vas écopper quand ton père
saura que tu es r' tournée avec el' même.

58 — Le Site.

59 — Comme ça, sans ta barbe ? je ne t'aurais jamais
reconnu.
— Qu'est-ce que les journaux disent !
— On *coupe* dans ton suicide !

60 — Dites donc, M. l'Ours, j'espère bien qu'après
ça vous allez m' payer un' voiture !

61 — Les v'la qui montent en fiacre avec Monsieur !
— Sûr que je n' me s'rais jamais douté qu' c'taient
des agents en bourgeois.
— En voiture ! Si c'était nous, c' que nous aurions
les menottes.

62 — Eh bien ! moi, j'y ai causé à ton cocher, sa-
lope ! Sais-tu c' qui m'a dit ? — Y m'a dit
qu' t' étais une femme entret'nue ?.....

63 — Ma petite Lili...... tu veux me quitter......
pourquoi ? qu'est-ce qui te manque donc ici ?

64 — Nous avons eu tort d'ôter nos bottines ? — Y a
pas d' tire-boutons...

65 — Maintenant me v'là inquiète...... j'ai eu tort
de m' payer un nègre.

*

66 — Qu'est-c' que c'est qu' ça ?
— C'est soixante-quinze francs...... ton dos !

67 — D^{elle} 22 a., tr. jol., dot 200,000 f. et un million
d'esp. ép. not., avoc., ou off^r, tr. sér. Écr.
Me C. D. F., *Figaro*.

68 — Le p'tit d'Epargne a pris cette nuit, au Cercle,
la grande culotte ; qu'est-ce qu'il y aura
pour moi si j' vous l'amène ?
— Mais vous l' savez bien, comme d'habitude,
vingt-cinq pour cent...... c'est c' que je
donne à ces messieurs.

69 — Hein tout d' même, Rothschild vient de sous-
crire pour vingt mille francs.
— Vingt mille francs ! mais mon bon ami, qu'est-
ce que c'est qu' ça pour eux !

70 — Ah là, là ! moi, un amant ? pour qu'après
celui-là, ça soye un autre !

71 — Petite poison ! mais tu en sais plus que ta
sœur qui va se marier dans huit jours.

72 — Tout le monde trouve que tu t'occupes de
beaucoup trop de choses à la fois...... un
artiste ne peut pas tout faire. Laisse-là tes
sonnets, papa !
— Pardon. — Tu oublies Michel-Ange !

73 — Signez-moi un acquiescement, ça vous donnera
    quelques jours.

74 — Voyons, quand vous étiez jeune, trompiez-
    vous Madame ?
   — Ah colonel, on voit bien que vous ne la con-
    naissez pas ! nous n'avons jamais pu garder
    une bonne plus de huit jours !

75 — Monsieur vient de me dire : « Êtes-vous sobre ? »
    qu'est-ce que ça veut dire ?
   — J' sais pas, ça doit être des mots pour humi-
    lier les domestiques.

76 — Hortense, nous sommes ruinés !
   — Ton père va mieux ? ! ! !

77 — Vous m' lâchez ici avec cinq sous de pour-
    boire ; j'aurais dû vous arrêter d'vant un
    poste.

78 — Et maintenant où aller ?......

79 — J' l'ai vu tout d' suite ; c'est un homme qu'on
    a que par l'amour-propre.

80 — Les hommes, j' peux pas vous l' dire c' que
    ça m' dégoûte, maintenant !......

81 — Oui j' veux bien — mais pas d'homme !

82 — Ça n'est pas que j' soie jaloux, mais je n'aime
pas les amis de ton frère.

83 — ...... Et puis, Monsieur, j'ai encore un fils de
vingt ans qui vient d'échouer à son bacca-
lauréat.
— Qu'est-ce qu'il fait?
— Oh rien! il chasse à courre, joue au lawn-
tennis...... il est charmant!

84 — Y a bien longtemps qu'on n' vous a vu, la Ma-
deleine?
— J'ai été obligé de rester au pieu à cause de la
comtesse, qui tenait à me soigner mes clous;
ça lui fait tant plaisir!

85 — Qu'est-ce que tu cherches?
— Mais rien du tout. Tout ça, c'est pour les faire
attendre!

86 — Puisqu'on vous dit que vos chaussures sont
montées!

87 — Si nous nous adressons à vous pour mon portrait, c'est que vous faites gracieux — et
pas cher!

88 — Chut!... Ton père est en train de *rouler* un
huissier!

89 — Voyons, père Labaze, un bon cigare !
— Ça s' trouve bien, m'sieur l' baron, j'ai juste-
ment pas d' carotte !

90 — Le vieux *Loufoc :* N'est-ce pas qu' ça t'amuse,
p'tite gourmande !

91 — Comment voulez-vous que votre mari ait de
l'avancement, si vous ne m'y *aidez* pas !...

92 — Vous n'êtes pas gentil ; vous savez bien que
je n' peux venir vous voir que quand maman
m'envoie en courses !

93 — Tu sais... tu fais bien de revenir : on te croyait
en prison !...

94 — Comment, ça n' te va pas ?
— Si, mais j' calcule combien ça fait par jour !

95 — Votre affaire est remise à huitaine... Filez.

96 — Eh bien, oui, j'ai eu des amants. T'étais pas
parti pour que j' te r'grette !...

97 — ..... En outre, je lègue à mon fils Abraham
ma loge à l'Opéra et mon portrait par Caro-
lus Duran.

98 — A Aix?...
    — Qu'est-ce que vous voulez que j' vous dise,
mon garçon ; si a s'est tirée, c'est qu'elle a
soupé de vot' fiole !

99 — ..... Enfin ! on va pouvoir être tranquille !

100 — Oui, mais alors vous n'aurez plus le drap
d'argent ; vous n'aurez qu'un enfant de
chœur et deux cierges.

101 — Si la vieille n'avait pas gueulé, je t'en aurais
apporté plus.
    — Comme t'es chouette ! Mais tu sais, j' veux
pas qu' tu t'exposes !

102 — C' que tu aimes surtout, c'est dominer les
femmes !

103 — Madame voudrait seulement que Monsieur
ajoute ça dans sa malle !...

104 — La « marmite » est renversée.

105 — J'ai vu tout d' suite que ça t'irait ; comme ça,
ces garces-là n' pourront plus dire que tu
marques mal !

106 — Il n'y a pas à dire, quand tu étais à Mazas,
on était plus tranquille !

107 — Nous ne voulions pas te le dire... mais faut
     que tu le saches... ton fiancé a une liaison!
     — Et puis après... ça vous épate ?

108 — Dis donc, maman, tu nous rases avec tes va-
     rices; v'là dix ans qu' ça dure, tu devrais y
     être habituée !

109 — Je le vois, ton fiancé ; il est dans la baignoire
     de la petite Pâliveau des Bouffes.
     — Oui, je sais ; mais il y a longtemps que c'est
     fini.

110 — Et lui, qu'est-ce qu'il en dit ?
     — Il m'a dit qu'il m'épouserait, si c'est un gar-
     çon...

111 — Alors c'est fini, v'là qu' tu te r'mets à décou-
     cher... Tu sais pourtant bien que ton père
     n'aime pas ça !

112 — Y a-t'y un mandat ?

113 — Pschut ! j'ai quelqu'un !
     — Chouette !

114 — Y a, y a qu'il faut qu' tu r'montes au sixième,
     ma femme revient demain avec les enfants !

115 — Pour une chemise cintrée, avec mon chiffre
et une couronne, je n' peux pas m'en tirer
à moins de quatre-vingts francs !

116 — Quand je pense à mon petit Victor qui m'at-
tend... c' que j'ai envie de t' casser la
gueule !

117 — Ouvrier demandant du champagne.

118 — Femme à sa toilette.

119 — Vous m' croirez si vous voulez, mais j' l'avais
vu dans les cartes qu'y vous reviendrait
c' matin !

120 — She is exquisite.
— Qu'est-ce qu'il dit ?
— Y dit qu' madame est épatante !

121 — ..... Et l' pape ?
— Eul pape ? Je n'y couperai que quand j'y au-
rai entendu chanter *la Marseillaise.*

122 — Je viens d'administrer une comtesse !
— Non, mon chéri, je n' veux pas que tu pleures...

123 — Ote la clef !

124 — J'ai quitté de là parce que Madame était
jalouse.

125 — Combien faut-il lui demander ?

126 — Le Chêne et le Roseau.

127 — Chut !
— On marche à côté !

128 — Toi t' as d' la veine, tu es bien mis, tu peux
faire le « pauvre honteux ! »

129 — Comme c'est curieux ! Il y avait douze ans
que nous ne nous étions vus, avec votre
mari ; il m'a reconnu tout de suite !

130 — Enfin, moi, tout le monde, nous te l'avions
dit que c'était un gredin !
— C'est vrai, mais je me croyais de force !

131 — Eh bien, votre aîné commence-t-il à devenir
raisonnable ?
— Nous sommes ravis de sa conduite, il a en
ce moment] une petite femme très comme
il faut.

132 — Femme debout en peignoir.

133 — Femme nue debout.

134 — Tentation.

135 — Femme assise baissée.

136 — Femme assise de dos.

137 — Femme qui se déchausse.

138 — Femme assise de face.

139 — Femme assise de côté.

140 — Femme assise de trois quarts.

SUPPLÉMENT

150 — J' vous conseille de rigoler d' mon linge
sale... C'est vos chemises que j' voudrais
voir.

151 — Il est évident qu'après tout ce qui s'est passé,
c'est une petite satisfaction pour vous.

152 — Mince que ça doit fouetter ici !

153 — Deux brillants, et sa gueule !

154 — Le Matin.

155 — Le Vieux Satyre.

156 — Ton père m'en a tant fait voir, que tu n'avais
pas cinq ans j' m'avais déjà juré qu' tu n'
s'rais jamais une ouvrière.

157 — Danseuse.

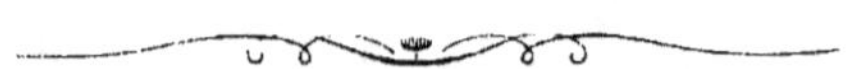